SOCIÉTÉ IMPÉRIALE ET CENTRALE D'AGRICULTURE DE FRANCE.

NOTICE

HISTORIQUE ET BIOGRAPHIQUE

SUR

ACHILLE VALENCIENNES,

PAR

M. LE MARQUIS DE VIBRAYE.

Lorsque la mort est venue moissonner dans les rangs d'une société savante et faire une victime, il est d'usage de confier à l'un des membres de cette compagnie le soin de retracer aux yeux de ses collègues les traits principaux de la vie du défunt et de mettre en valeur ses titres scientifiques.

Ce pieux devoir qu'il me faut accomplir à l'égard de M. Valenciennes m'est un peu tardivement dévolu sans doute, et je me prendrais à regretter ces lenteurs, si, d'autre part, une appréciation rétrospective, une justice, par cela même qu'elle s'est fait attendre, ne devait servir à confirmer l'adage du poëte latin, à savoir : que toute œuvre de l'intelligence littéraire ou scientifique ne se peut entièrement évanouir.

> . . . . . *Non omnis moriar ; multaque pars mei*
> *Vitabit libitinam . . . . . .*

1868

Oui, sans doute, le savant devra revivre dans ses œuvres, léguées à la *série des âges*, à la postérité.

J'essayerai donc ici d'esquisser rapidement la vie de M. Valenciennes, et tout d'abord, nous envisagerons l'homme dévoué pendant tout un demi-siècle aux intérêts de la science, du dernier représentant de cette phalange de naturalistes qui furent les élèves de l'immortel Cuvier, de l'incomparable génie dont la France a le droit de s'enorgueillir.

Achille Valenciennes, enfant du muséum d'histoire naturelle, y naquit le 6 août 1794, y mourut le 13 avril 1865. Il était fils d'un fonctionnaire honorable, aide-naturaliste de Daubenton, le savant dont la mémoire est si légitimement chère aux agronomes, et neveu d'un peintre paysagiste dont le nom reçut à la fin du dernier siècle une célébrité.

L'intelligence du jeune Achille avait été remarquée de Fourcroy. Celui-ci lui fit obtenir une bourse au collége de Rouen, où bientôt il devait se distinguer. En effet, il y remporta le grand prix de mathématiques et briguait l'honneur d'être admis à l'école polytechnique, lorsque son père vint à mourir, et M. Valenciennes devint, avant dix-huit ans, chef de famille et le protecteur naturel d'une mère et de quatre sœurs entièrement dénuées de ressources. Le jeune étudiant ne saurait hésiter ; il abandonne ses rêves d'avenir, ses rêves de légitime ambition, pour venir empailler, au jardin des Plantes, des mammifères et des oiseaux en qualité de simple préparateur, abandonnant généreusement les infimes appointements attachés à cet humble travail, pour en constituer le modeste, mais aussi l'unique patrimoine de sa mère et de ses sœurs. La sollicitude généreuse des administrateurs du muséum d'histoire naturelle avait su conserver un logement à la veuve d'un fonctionnaire qu'avait nommé Buffon. Quant à son fils, nous le félicitons, nous l'honorons d'avoir su mépriser les suggestions de ce froid égoïsme qui fait, hélas ! de si cruels ravages jusqu'au sein même de nos campagnes, où les vieux parents sont cotés, le plus souvent, en raison de leur utilité matérielle, et relégués, abandonnés, quand l'âge ou les infirmités les font classer, par leurs indignes enfants, parmi les *non-valeurs*. M. Valenciennes prétendit ignorer les subtilités de ces méprisables et sordides appréciations, et nous contraint de rendre un nouvel hommage à son désintéressement, lorsque héritier, pour sa quote-part, de la modeste fortune de l'artiste, son oncle, il abandonne encore cette part d'héritage à celles dont il s'était montré, dès le début de sa carrière, l'unique soutien comme le généreux bienfaiteur.

Fils de naturaliste, M. Valenciennes vécut en quelque sorte constamment au milieu des collections zoologiques. Il débuta comme préparateur d'Étienne Geoffroy-Saint-Hilaire, et sous la savante direction d'un tel maître il étudiait l'organisation des mammifères, tout en collaborant au grand ouvrage de Lamarck, les *Animaux sans vertèbres*.

Ces travaux attirèrent sur M. Valenciennes un premier regard de Cuvier, et notre futur collègue fut chargé, par lui, du soin de déterminer et classer les oiseaux du muséum. C'est encore M. Valenciennes qni seconda le comte de Lacépède, procédant en 1820 à la classification des reptiles, en 1822 à celle des poissons. A la mort de Lacépède, M. Valenciennes fut adjoint à M. Duméril en qualité d'aide-naturaliste et conserva cette position jusqu'au jour où Cuvier crut devoir l'associer à ses études ichthyologiques. Cette branche des sciences naturelles était encore dans l'enfance et l'histoire trop générale des poissons ne pouvant satisfaire l'esprit investigateur d'un Cuvier, réclamant des matériaux d'études pour son tableau du règne animal, il sut mettre à profit l'esprit d'observation de l'aide-naturaliste et sa prodigieuse mémoire. Prétendant l'élever au-dessus de la condition d'un agent subalterne, Cuvier en fit un collaborateur, et c'est pour la mémoire de M. Valenciennes un des plus beaux titres de gloire. Cuvier se réservait le soin des études anatomiques et confiait en même temps à M. Valenciennes les dessins, les recherches dans les différents musées de l'Europe et la partie descriptive que par un sentiment d'exquise délicatesse il lui faisait signer, lui ménageant ainsi le mérite exclusif de sa collaboration, afin que le monde savant apprît à bien connaître la somme considérable de travail dont il était redevable à la plume de M. Valenciennes. La mort du grand Cuvier (1832) laissa bientôt à son collaborateur la tâche laborieuse de continuer à lui tout seul une gigantesque publication qui n'était encore parvenue qu'à son 8ᵉ volume. Lorsqu'en 1848 M. Valenciennes dut l'interrompre, elle se composait de 22 volumes accompagnés de 650 planches. Quoique inachevé, cet ouvrage occupe une éminente place dans la science ichthyologique. L'histoire des poissons cartilagineux, malacoptérygiens, était encore à faire : cette lacune eût été regrettable ; heureusement pour la science, elle fut comblée par un éminent zoologiste allemand Of Muller ; mais, tout en rendant hommage aux travaux du savant étranger, il est permis de regretter que l'œuvre nationale n'ait pu trouver en France les ressources nécessaires à son achèvement. La France, avais-je entendu dire, est assez riche pour payer sa gloire, et toutefois, contrairement à cet usage, combien de trésors scientifiques nous échappent, hélas ! journellement ; mais, passons, ce n'est point ici le lieu d'en rechercher la cause.

M. Valenciennes a laissé de nombreux documents malacologiques, documents sur les mollusques observés non plus seulement au point de vue de la forme extérieure des coquilles, mais anatomiquement, en étudiant les organes des animaux dont ces coquilles ont été les demeures. L'origine de cet ordre de travaux remonte à 1817, époque où Lamarck perdit la vue, pendant le cours de la publication de sa grande classification des animaux sans vertèbres. Son choix ne se fit point attendre et se porta sur M. Valenciennes pour le suppléer dans l'observation des espèces et la description d'un certain nombre de genres importants, notamment les cardium, les vénus et les térébratules. Ce fut après avoir pris connaissance de ces travaux, qu'Alexandre de Humboldt remit les richesses conchyliologiques recueillies pendant le cours de son voyage transatlantique, entre les mains de M. Valenciennes, et qu'elles devinrent de la part de cet auteur l'objet d'une intéressante publication. Nous citerons, au nombre des recherches dont les sciences naturelles sont redevables à M. Valenciennes, l'étude anatomique du *panopœa australis*. Le genre ne comptait, avant lui, que trois espèces; il parvint, au moyen d'infatigables recherches, à en élever le nombre à quinze.

Parlerai-je d'une autre étude anatomique sur le nautile, genre que nous voyons apparaître aux premiers âges de la faune primordiale, à la base des étages paléozoïques; le nautile est, de nos jours, l'un des rares et derniers représentants de cette grande et nombreuse classe des céphalopodes, si prépondérante et caractéristique aux différentes époques des formations géologiques. Les caractères anatomiques du nautile ont aidé à juger, avec une certaine probabilité, de l'organisation des animaux éteints à coquilles cloisonnées, comme aussi l'étude anatomique des sépias, des poulpes et des calmars servit à dévoiler l'existence de genres analogues représentés par ces nombreux débris fossiles dont l'origine était demeurée longtemps problématique et qui, pour ne citer que les plus connus et commençant par les plus anciens, appartiennent aux genres orthoceras, bélemnites, beloptera, sépia.

Je me plais, en outre, à payer à M. Valenciennes un juste tribut d'éloges, pour avoir su prendre l'initiative d'une intelligente innovation, en faisant le premier figurer dans sa classification méthodique les genres fossiles, à côté des analogues de la faune contemporaine, s'efforçant de combler certaines lacunes opérées dans la série des êtres, par l'extinction successive des genres et des espèces, rétablissant en quelque sorte l'harmonie primitive au sortir des mains du créateur, et présentant à l'investigation des savants ces éléments de la comparaison, fondement le plus indispensable de toute étude scientifique aussi bien que philosophique. Nous avons vu plus haut M. Valenciennes étudiant, de con-

cert avec Lamarck, le genre térébratule, représentant seul de
nos jours, avec les lingules, l'importante classe des brachio-
podes, qui ne peut être mise en valeur que lorsqu'on voit
groupées, à côté des espèces vivantes si restreintes, les innombrables espèces fossiles réparties dans tous les terrains et re-
présentées par des genres intéressants, aujourd'hui disparus,
tels que spirifer, productus, leptena, rhynchonella.....
M. Valenciennes se devait encore livrer à d'autres études :
ses recherches furent immenses dans le groupe des zoophy-
tes. Ne trouvant pas, dans les formes extérieures et dans la
couleur des gorgones, des éléments satisfaisants de classification, il crut devoir les chercher dans l'organisation intime
et par voie d'analyses, pour lesquelles M. Frémy lui prêta
son utile concours, établit dans les gorgones deux grandes
divisions; plaçant dans l'une toutes celles dont l'axe cal-
caire fait effervescence dans les acides, et dans l'autre celles
dont l'axe est corné, c'est-à-dire à base de silice, réservant,
pour en établir les caractères spécifiques, ces petites parti-
cules calcaires, éléments constitutifs de l'écorce, désignés
sous le nom de sclérites ou spicules, et dont il fit une minu-
tieuse étude microscopique. Il est à regretter que le savant
n'ait point lui-même appliqué sa classification et qu'il ait
abandonné pour de nouvelles études un travail aussi con-
sciencieux. Nous sommes toutefois en droit d'espérer que
ces recherches auront une importante valeur scientifique et
que ses principes devront servir de base à une classification
définitive.

Nous trouvons encore M. Valenciennes occupé d'une ré-
vision de l'immense collection d'éponges du muséum d'histoire naturelle. Linné, dans le principe, avait cru pouvoir
en réunir les nombreuses espèces et variétés, sous l'unique
dénomination générique de spongia. M. Valenciennes com-
prit tout aussitôt l'insuffisance de cette restriction, et dut
trouver dans l'examen des spicules un élément générique
pouvant servir de base à une classification naturelle, d'une
application facile. Pourquoi faut-il encore ici le voir dé-

tourné de ces intéressantes investigations par de nouvelles
études étrangères au sujet? N'est-il pas regrettable d'avoir à
considérer les beaux dessins qu'il fit alors exécuter, comme
à peu près inutiles, puisqu'il devient en quelque sorte impossible d'être suffisamment édifié sur la valeur des divisions établies par M. Valenciennes, aussi bien que sur les
dénominations dont il a négligé de donner une justification?

Mais ce qu'on ne saurait lui contester, c'est le zèle infatigable avec lequel on l'a vu multiplier, comme par enchantement, les collections du muséum d'histoire naturelle.
« Les nombreuses collections, comme l'exprimait si bien
M. de Quatrefages, sont de précieux éléments d'études comparatives, et ceux qui ont pris soin de les former ont, par le
fait, bien mérité de la science. M. Valenciennes, tout en
estimant les collections pour elles-mêmes, avait compris leur
importance comme documents nécessaires à l'étude, et savait les mettre gracieusement et libéralement à la disposition
des travailleurs; et je lui dois personnellement, à cet égard,
un tribut de reconnaissance. »

Lorsqu'en 1735 Buffon prit la direction de l'établissement fondé en 1628 sous le nom de jardin des plantes médicinales, la collection d'histoire naturelle était encore à
faire : le grand écrivain naturaliste en fut le fondateur. La
totalité des animaux qu'il avait pu réunir se composait de
73 mammifères, 460 oiseaux et 1,800 coquilles. En 1829,
Lamarck y laissait 10,600 échantillons de coquilles. Son
aide-naturaliste, M. Valenciennes, vint occuper en 1832 la
chaire de malacologie laissée vacante par la nomination de
Blainville à celle d'anatomie comparée. Quatorze ans plus
tard, il obtenait l'honneur ambitionné d'occuper, à l'Académie des sciences, le fauteuil d'Étienne Geoffroy-Saint-Hilaire,
le guide affectueux de ses premières années, de son début
dans la carrière scientifique. C'est alors que, grâce à l'intervention de M. Valenciennes, la collection conchyliologique
put dépasser en 1863 le nombre de 150,000 individus. En

effet, durant cette période de 34 ans, Blainville occupa trois années seulement la chaire de Lamarck ; il avait édité, dès l'année 1825, son précieux manuel de malacologie et de conchyliologie, et depuis se livra presque exclusivement à des études anatomiques, devant donner au monde savant, de 1839 à 1864, son important ouvrage sur l'ostéologie des mammifères. C'est donc à l'initiative de M. Valenciennes que l'accroissement prodigieux des collections conchyliologiques du muséum d'histoire naturelle doit être légitimement attribué. Les polypiers et les spongiaires étaient au nombre de 554 espèces et d'un millier d'échantillons avant M. Valenciennes ; en 1863, cette série occupait trente-trois grandes armoires, et le laboratoire du savant était encombré d'échantillons qui n'avaient pu trouver place dans les vitrines. Les échinodermes, représentés avant M. Valenciennes par une centaine d'individus appartenant à trente ou quarante espèces, comptaient, en 1863, quatre cent cinquante espèces et mille huit cent seize échantillons. La série était, au témoignage du savant Agassiz, déjà supérieure, en 1846, à la réunion des collections de cette classe, qu'il avait observées dans tous les musées de l'Europe.

Jusqu'ici, M. Valenciennes est le zélé continuateur de l'œuvre de ses devanciers ; il nous sera permis de mentionner à son honneur les séries dont on doit plus spécialement la création à son infatigable initiative. Notamment les helminthes, ou vers intestinaux, représentés en 1823 par une trentaine de bocaux, l'étaient, à l'époque de sa mort, par plus de mille, et les mollusques, conservés dans l'alcool, relégués en nombre infime sur les derniers rayons d'une armoire d'anatomie comparée, composaient, en 1859, une série de 5,512 bocaux.

M. Valenciennes est devenu membre titulaire de la Société impériale et centrale d'agriculture de France le 31 janvier 1855. Son nom figure pour la première fois dans ses discussions, à propos de l'emploi de la chair du cheval comme alimentation (séance du 21 février 1855). Il envisa-

gea la question au double point de vue zoologique et économique. En 1857, M. Valenciennes appelle deux fois l'attention de la Société sur l'emploi des phosphates de chaux en
agriculture, en recommandant toutefois un nouvel examen ;
et pourtant notre savant collègue, M. Payen, avait suffisamment élucidé la question en visitant, dès l'année 1830, plusieurs fabriques de phosphate de chaux, dit fossile, établies
en Angleterre, où l'on n'avait renoncé temporairement à la
pulvérisation des nodules que par suite de l'imperfection
des instruments, ce qui rendait la préparation de cet agent
de fertilisation très-dispendieuse ; mais le principe était admis, lorsqu'on avait compris la nécessité de substituer temporairement, aux nodules pulvérisés, les os de toute provenance broyés et traités par l'acide sulfurique. Dès l'année
1824, notre éminent secrétaire perpétuel avait comparé
l'effet du noir animal des raffineries avec celui du phosphate
de chaux, des os incinérés. Aujourd'hui, grâce à de si constantes et persévérantes recherches, tous les engrais phosphatés sont acquis à la pratique agricole, et, d'autre part,
sous la trop modeste dénomination d'études, un autre savant illustre, M. Élie de Beaumont, notre collègue, a signalé
l'utilité agricole du phosphore et fait connaître aux amis de
la science et du progrès ses gisements géologiques.

Si, d'une part, le nom de M. Valenciennes figure plus ou
moins directement dans nos discussions, deux fois, en outre,
ses communications ont trouvé place dans les mémoires de
notre Société. Dans le premier de ces deux mémoires (1855,
1re partie), M. Valenciennes se préoccupe, au nom de la
section d'histoire naturelle, de la propagation des grands
crustacés, représentés notamment par les homards et les
langoustes, dont il étudie les conditions d'existence et d'habitation dans le sein des mers, à des profondeurs définies.

Déplorant le préjudice que les pêches immodérées, entreprises à l'époque du frai, sur les côtes de Bretagne et de
Normandie, doivent apporter à la propagation du homard,
espèce que son importance, comme valeur alimentaire, de-

vait signaler à la sollicitude éclairée du pouvoir, notre collègue se livre à des études approfondies sur les propriétés
physiques et chimiques des œufs de ce crustacé, sur les
nombreuses métamorphoses de ses larves, depuis la sortie
de l'œuf jusqu'à l'âge adulte, et qui se modifie tellement
dans les formes, que les Bosc, les Thouïn, les Silvestre
avaient considéré ses embryons comme des êtres à part désignés sous le nom générique de *zoés*. Ce fut en 1852 que
M. Valenciennes reçut du ministre de la marine la mission
d'aller étudier, sur les côtes de France, les moyens de favoriser la propagation des homards. Ce voyage lui permit de
provoquer l'éclosion des larves dans des bassins spéciaux,
en y conservant les femelles pourvues des 1,500 œufs rete-
nus sous les feuillets de leur queue par des ligaments albu-
minoïdes. Ces premiers essais demeurèrent infructueux. En
effet, on voyait, au début, s'échapper, des coffres où se trou-
vaient enfermés les homards adultes, de petits êtres blan-
châtres, sans se préoccuper, par suite de leur dissemblance,
de la nécessité de les rattacher à l'espèce. Mais, lorsqu'en
1853 M. Valenciennes put recevoir au jardin des Plantes,
par l'entremise d'un intelligent pêcheur, ces larves nouvel-
lement écloses, lorsqu'il put étudier les fréquentes mues
(au nombre de 15 à 18) qui s'opèrent dans l'espace de six
mois environ, depuis l'éclosion jusqu'à l'époque où le jeune
homard a revêtu le caractère de l'espèce, le problème phy-
siologique fut résolu définitivement aux yeux du savant ; il
ne s'agissait plus que de se préoccuper des moyens de rete-
nir le frai jusqu'au terme de ses métamorphoses, et de ne
permettre sa dissémination qu'à l'époque où les besoins de
son alimentation forcent l'espèce à rechercher sa proie dans
le grand Océan, à 10 et 15 brasses de profondeur.

Sans entrer dans tous les détails du rapport de M. Valenciennes sur les animaux de basse-cour, à l'occasion du concours général et national d'agriculture, rapport inséré dans
la deuxième partie de nos mémoires de l'année 1862, je ne
puis négliger de vous faire apprécier l'esprit de judicieuse

observation du savant naturaliste, aussi bien que son érudition.

L'examen des oiseaux utiles a provoqué de sa part des considérations d'une importante valeur biologique et dont on pourra déduire certaines règles applicables aux tentatives d'acclimatation ou, mieux encore, de naturalisation.

Toutefois, nous constaterons ici de nouveau l'influence du nom de Cuvier, comme si tout ce qui se rattache à ce grand homme devait se lier aux travaux de notre ancien collègue. Je m'applaudis de pouvoir incidemment rendre hommage à Frédéric Cuvier, au savant le moins généralement apprécié, bien qu'il ait mérité d'occuper une place éminente à côté du frère dont la renommée sans doute a dû contribuer à l'éclipser. M. Valenciennes s'inspire évidemment, dans son mémoire, de ce digne frère d'un savant illustre. En effet, la science doit à l'initiative de Frédéric Cuvier les premières notions scientifiques sur la domesticité des animaux. Jusqu'à lui, cette intéressante étude avait trouvé les naturalistes incompétents, Buffon lui-même ignorait qu'il y eût ici matière à une étude, et Frédéric Cuvier est incontestablement le premier qui sut trouver dans la domesticité des animaux un corollaire de leur sociabilité.

Dans le règne animal, a dit M. Valenciennes, il existe certains genres, ou tout au moins certaines espèces prédestinées à la domestication. C'est ainsi que le coq et la poule, depuis le cercle polaire jusqu'à l'équateur, demeurent invariablement attachés à l'homme partout où celui-ci prétend établir son foyer. Cet oiseau, *tout autant carnassier que granivore*, pourrait aisément s'affranchir, mais il est enchaîné par un instinct, et les tentatives d'abandon, comme celles propres à favoriser son retour à l'état sauvage, ont été partout et constamment infructueuses. Si le besoin de couver éloigne temporairement la poule de la basse-cour, elle s'empressera de quitter les taillis qu'elle avait choisis pour y trouver le calme et la solitude qui devaient assurer l'éclosion de sa progéniture, et ramènera bientôt cette dernière prendre part à la vie commune dans la cour de la ferme. La race galline est élevée dans toute la presqu'île de l'Inde et n'est point devenue sauvage. Nos poules européennes, introduites dans les métairies de Venezuela et de Caracas, ne se sont jamais affranchies dans les Allanos; le même phénomène s'observe également en Afrique, et cette loi, d'après notre auteur, s'applique à tous les animaux, et notamment aux mammifères qui fournissent à l'homme des races domestiques dans des limites, à la vérité fort étroites, mais sensiblement accentuées. C'est ainsi qu'il a considéré le chien, le cheval et l'âne, le cochon domestique, les races ovines et bovines comme essentiellement domestiques et nécessaires à l'homme.

L'Orient est le berceau du genre humain ; l'âne, qui ne peut, comme le cheval, supporter les rigueurs de latitudes élevées, est un des premiers mammifères des établissements sociaux, comme on peut en trouver la preuve, au besoin, dans l'histoire du peuple juif. Le chameau ne se trouve nulle part à l'état sauvage, mais on le rencontre, de nos jours, à l'état domestique chez l'Arabe du désert, comme autrefois sous la tente des patriarches. Transporté dans le nouveau monde, il n'y rencontre plus de milieu favorable à sa propagation ; mais l'Amérique équatoriale est en possession du lama, qui se comporte dans ses rapports avec l'homme, en vertu des qualités naturelles que la divine puissance créatrice a réglées par avance, comme le chameau le fait en Arabie.

Ces lois immuables trouvent une application dans toutes les contrées ; les animaux à la fois sauvages et domestiques suivent invariablement la loi des climats : le chat et le lapin, dans la zone tempérée ; le renne, sous le cercle polaire d'Europe et d'Amérique. Les éléphants de l'Inde et de l'Afrique ont pu vivre soumis à la domesticité, en vertu, sans doute, d'une aptitude innée de docilité qui les soumet à l'homme par crainte ou reconnaissance ; ils ont pu même accidentellement se reproduire, mais sans avoir pu satisfaire aux conditions normales et rigoureuses de l'acclimatation.

Le nombre des animaux prédestinés à l'état domestique est, en définitive, assez restreint, huit ou dix genres à peine, subdivisés en sous-races, à la vérité plus nombreuses, mais se rattachant à une classe de 15 à 1800 espèces naturellement et constamment sauvages, car l'individu que l'intervention, l'autorité, l'intelligence de l'homme apprivoisent n'invalide en aucune manière les qualités de l'espèce. C'est ainsi qu'accidentellement comme individuellement le lion du désert, le tigre du Bengale, l'hyène de l'Algérie, le loup d'Europe s'apprivoisent individuellement, mais cette rare exception doit servir à confirmer la règle ; car, d'autre part, la gazelle habite les vastes plaines de l'Afrique et de l'Asie en troupes innombrables à tout jamais sauvages, tandis que l'Arabe est contraint, pour assurer régulièrement sa nourriture et son vêtement, de promener dans les mêmes lieux ses nombreux troupeaux de moutons. Le bison toujours indompté parcourt les savanes des Florides en nomade, et l'homme a dû, pour subvenir à ses besoins sociaux, importer d'Europe la vache et le taureau. C'est à la vieille Europe que la moderne civilisation des Etats-Unis dut emprunter ses races de bétail. Donc les efforts de l'homme sont demeurés impuissants à l'égard de certaines races, témoins encore le zèbre, le dauw, le coppa, que les premiers établissements des Hollandais au cap de Bonne-Espérance n'ont pu s'approprier et dompter, et l'agriculture batave s'est vue contrainte de recourir au cheval domestique.

Dans les vastes plaines de l'Asie, l'hémione résiste, depuis 2,000 ans, aux tentatives de l'homme et demeure à l'état sauvage à côté de l'âne et du cheval naturellement domestiqués.

Les sociétés d'acclimatation auront donc à compter avec les milieux ambiants sans aucun doute, mais encore avec les instincts de sociabilité des races. De pareilles études ne sont dépourvues ni d'intérêt ni d'utilité. Le paon, que

l'homme, son admirateur, a disséminé dans toutes les par-
ties du monde, n'est rencontré sauvage qu'à proximité des
forts de la presqu'île de l'Inde, et n'a revendiqué sa liberté
sur aucun autre point du globe, soit dans les grandes et
somptueuses plaines de Venezuela, soit en Europe, où depuis
2,000 ans il vit, depuis la Suède, où Linné nous apprend
qu'il résiste difficilement, jusqu'aux plus chaudes contrées
des zones tempérées, preuve incontestable, aux yeux de
M. Valenciennes comme de tous les physiologistes sérieux,
de la fixité de l'espèce dans la région, j'ajouterai, le milieu
que lui assigne la nature; phénomène ici constaté, croit
devoir ajouter notre auteur, par l'une des plus belles expé-
riences qu'il ait été donné peut-être à l'homme de pouvoir
faire.

Tel est, messieurs, notre collègue dans l'universalité de
ses travaux scientifiques. Sans doute, on lui reprochera d'a-
voir trop embrassé; mais qui se peut vanter d'être le con-
stant arbitre des situations? et, d'autre part, ne faut-il point
admettre la nécessité de rencontrer parfois de ces natures
encyclopédiques assez amies désintéressées du progrès pour
consentir à s'effacer devant l'importance des matériaux qu'ils
ont la conscience de pouvoir utilement accumuler et léguer
aux futurs besoins des études scientifiques. Cette générosité,
nous l'avons pressentie, lorsqu'au début nous admirions,
dans les rapports privés de notre regretté collègue, le désintéressement du bon fils et du frère.

Si la brusquerie naturelle d'un caractère un peu trop ar-
dent a pu susciter parfois des adversaires à M. Valenciennes,
on doit toutefois reconnaître que la bonté de son cœur avait
bientôt dissipé les orages, et d'ailleurs nous rencontrons le
corollaire de son heureuse nature dans l'unanime concours
des célèbres patronages dont il sut entourer les débuts de sa
carrière scientifique. Ne le voyons-nous pas captiver, d'autre
part, d'illustres amitiés, celles notamment des Humboldt et
des Arago?

Lorsque certaines impressions inséparables des opinions

contemporaines se seront effacées, lorsque les nouvelles gé-
nérations compulseront dans l'avenir, avec une respectueuse
et reconnaissante admiration, les œuvres de Georges Cuvier
à tout jamais empreintes du cachet d'une jeunesse inalté-
rable, le nom de M. Valenciennes sortira maintes fois de
l'oubli du tombeau, pour occuper une place à côté de son
illustre maître, qui prétendit sans doute, en lui faisant par
tager ses travaux, l'associer au souvenir, comme parfois même
à quelques-unes des gloires de sa réputation.

PARIS. — IMPRIMERIE DE Mme Ve BOUCHARD-HUZARD, RUE DE L'ÉPERON, 5.

9 782013 660556